Arthur Schopenhauer

L'Art d'avoir toujours raison

un essai de dialectique éristique

Books On Demand

© 2019 Arthur Schopenhauer (Domaine Public)
Edition : Books on Demand, 12/14, Rond-Point des Champs-Elysées, 75008 Paris (France)
Impression : Books on Demand GmbH, Norderstedt (Allemagne)
ISBN : 9782322151844
Dépôt légal : mars 2019

Table des matières

Avant-propos: logique et dialectique
La dialectique éristique
La base de toute dialectique
Stratagème I: L'extension
Stratagème II: L'homonymie
Stratagème III: La généralisation des arguments adverses
Stratagème IV: Cacher son jeu
Stratagème V: Faux arguments
Stratagème VI: Postuler ce qui n'a pas été prouvé
Stratagème VII: Atteindre le consensus par des questions
Stratagème VIII: Fâcher l'adversaire
Stratagème IX: Poser les questions dans un autre ordre
Stratagème X: Prendre avantage de l'antithèse
Stratagème XI: Généraliser ce qui porte sur des cas précis
Stratagème XII: Choisir des métaphores favorables
Stratagème XIII: Faire rejeter l'antithèse
Stratagème XIV: Clamer victoire malgré la défaite
Stratagème XV: Utiliser des arguments absurdes
Stratagème XVI: Argument ad hominem
Stratagème XVII: Se défendre en coupant les cheveux en quatre
Stratagème XVIII: Interrompre et détourner le débat
Stratagème XIX: Généraliser plutôt que de débattre de détails
Stratagème XX: Tirer des conclusions
Stratagème XXI: Répondre à de mauvais arguments par de mauvais arguments
Stratagème XXII: Petitio principii
Stratagème XXIII: Forcer l'adversaire à l'exagération
Stratagème XXIV: Tirer de fausses conclusions
Stratagème XXV: Trouver une exception
Stratagème XXVI: Retourner un argument contre l'adversaire

Stratagème XXVII: La colère est une faiblesse
Stratagème XXVIII: Convaincre le public et non l'adversaire
Stratagème XXIX: Faire diversion
Stratagème XXX: Argument d'autorité
Stratagème XXXI: Je ne comprends rien de ce que vous me dites
Stratagème XXXII: Principe de l'association dégradante
Stratagème XXXIII: En théorie oui, en pratique non
Stratagème XXXIV: Accentuer la pression
Stratagème XXXV: Les intérêts sont plus forts que la raison
Stratagème XXXVI: Déconcerter l'adversaire par des paroles insensées
Stratagème XXXVII: Une fausse démonstration signe la défaite
Ultime stratagème Soyez personnel, insultant, malpoli

Avant-propos: logique et dialectique

I.

Logique et dialectique étaient considérées par les Anciens comme étant synonymes, bien que λογιζεσθαι « réfléchir », « considérer », « calculer » et διαλεγεσθαι « converser » soient deux concepts très différents. Le terme dialectique (διαλεκτικη, διαλεκτκη πραγματεια, διαλεκτικος ανηρ) aurait été, selon Diogène Laërce, d'abord utilisé par Platon, et dans *Phèdre, Le Sophiste, La République* livre VII nous pouvons voir que par *dialectique*, il entend l'emploi régulier de la raison ainsi que le développement des compétences dans sa pratique. Aristote utilise également le terme τα διαλεκτικα dans le même sens, mais selon Lorenzo Valla, il aurait également été le premier à utiliser le terme λογικη avec la même définition: nous trouvons ainsi dans son œuvre l'expression λογικας δυσχερειας, c.-à-d. *argutias*, προτασιν λογικην, απoριαν λογικην. Ainsi διαλεκτικη serait plus ancien que λογικη. Cicéron et Quintilien utilisèrent les mêmes termes avec la même signification générale. Ainsi selon Cicéron dans *Lucullus*: *Dialecticam inventam esse, veri et falsi quasi disceptatricem*, dans *Topica*, chap. 2: *Stoici enim judicandi vias diligenter persecuti sunt, ea scientia, quam Dialecticen appellant*. Selon Quintilien: *itaque hæc pars dialecticæ, sive illam disputatricem dicere malimus* et ce dernier terme semble donc être l'équivalent latin pour *dialectique* (selon Pierre de La Ramée, *Dialectique*, Audomari Talæi prælectionibus illustrata, 1569). L'utilisation des termes *logique* et *dialectique* comme synonymes perdura du Moyen Âge jusqu'à nos jours. Cependant, plus récemment, le terme *dialectique* a souvent été utilisé avec une connotation négative, notamment par Kant, dans le sens de « l'art de la discussion sophistique » et le terme *logique* a donc été préféré pour sa connotation plus innocente. Pourtant ces deux termes avaient exactement la même signification, et ces dernières années, ils ont été à nouveau considérés comme synonymes.

II.

Il est dommage que les anciens termes *dialectique* et *logique* aient été utilisés comme synonymes et j'ai du mal à librement faire une distinction entre leurs significations. Autrement, j'aurais aimé pouvoir définir la *logique* (dérivant de λογιζεσθαι: « réfléchir », « considérer », dérivant lui-même de λογος: « mot » et « raison » lesquels sont inséparables) comme étant « la science des lois de la pensée, autrement dit, la méthode de la raison » et la *dialectique* (dérivant de διαλεγεσθαι: « converser » car toute conversation communique des faits ou des opinions, c.-à-d. est historique ou délibérative) comme étant « l'art de la controverse » (dans le sens moderne du terme). Il est donc évident que la logique traite des *a priori*, séparables en définitions empiriques, c.-à-d. les lois de la pensée, les processus de la raison (le λογος), et en lois, c.-à-d. celles que suit la raison quand elle est laissée à elle-même et non entravée comme dans le cas des pensées solitaires d'un être rationnel qui n'est pas induit en erreur. La dialectique de son côté traite des rapports entre deux êtres rationnels dont les pensées s'accordent, mais qui dès qu'elles cessent de s'accorder comme deux horloges marquant la même heure, créent une controverse, c.-à-d. un combat intellectuel. En tant qu'êtres purement rationnels, les individus devraient pouvoir s'accorder. Le désaccord survient de la différence essentielle à leur individualité, c.-à-d. de l'élément empirique. La logique, science de la pensée, c.-à-d. science des procédés de la raison pure, devrait *a priori* être capable de pouvoir s'établir. La dialectique, en général, ne peut être construite qu'*a posteriori*, à partir de la connaissance empirique des différences entre deux individualités rationnelles que doit souffrir la réflexion pure, et des moyens qu'utilisent ces individualités l'une contre l'autre pour montrer que leur pensée individuelle est pure et objective. C'est parce que c'est la dans la nature humaine que lorsque A et B sont engagés dans une réflexion commune, διαλεγεσθαι, c.-à-d. communication des opinions (par opposition aux discussions factuelles), si A s'aperçoit que les pensées de B sur le même sujet ne sont pas les mêmes, initialement, il ne reverra pas sa propre pensée pour vérifier s'il n'a pas fait une erreur de raisonnement, mais considérera que l'erreur vient de B, c.-à-d. que l'homme est par nature *sûr de soi* et c'est de cette caractéristique que découle cette discipline qu'il me plaît d'appeler *dialectique*. Mais pour éviter toute confusion je l'appellerai « dialectique éristique », la science des procédés par lesquels les hommes manifestent cette confiance en leurs opinions.

La dialectique éristique

La *dialectique éristique*[1] est l'art de la controverse, celle que l'on utilise pour avoir raison, c'est-à-dire *per fas et nefas*[2]. On peut *en toute objectivité* avoir raison, et pourtant aux yeux des spectateurs, et parfois pour soi-même, avoir tort. En effet, si un adversaire réfute une preuve, et par là donne l'impression de réfuter une assertion, il peut pourtant exister d'autres preuves. Les rôles ont donc été inversés: l'adversaire a raison alors qu'il a objectivement tort. Ainsi, la véracité objective d'une phrase et sa validité pour le débatteur et l'auditeur sont deux choses différentes (c'est sur ce dernier que repose la dialectique).

D'où vient ce comportement? De la base même de la nature humaine. Sans celle-ci, l'homme serait foncièrement honorable et ne débattrait sans autre but que la recherche de la vérité, et nous serions indifférents, ou du moins n'accorderions qu'une importance secondaire quant au fait que cette vérité desserve les opinions par lesquelles nous avions commencé à discourir ou serve l'opinion de l'adversaire. Cependant, c'est ce dernier point qui nous est primordial. La vanité innée, particulièrement sensible à la puissance de l'intellect, ne souffre pas que notre position soit fausse et celle de l'adversaire correcte. Pour s'extraire de ce comportement, il suffit de formuler un jugement correct: cela revient à dire qu'il faut réfléchir avant de parler. Mais la vanité innée est souvent accompagnée par la loquacité et une *mauvaise foi* innée. Ils parlent avant de réfléchir, et même lorsqu'ils se rendent compte plus tard que leur position est fausse, ils essaieront de faire en sorte de *paraître* que ce n'est pas le cas. L'intérêt dans la vérité qu'on aurait pu croire leur seul motif lorsqu'ils déclarèrent leur proposition vraie, doit céder le pas à l'intérêt de la vanité: la vérité est fausse et ce qui est faux paraît vrai.

Il est pourtant quelque chose qui peut être dit sur cette mauvaise foi, sur ce fait de persister à soutenir une thèse qui paraît fausse, même pour nous-mêmes: nous sommes souvent initialement convaincus de la validité de notre propos, mais les arguments de notre adversaire semblent les réfuter. Si nous abandonnons immédiatement notre position, nous pourrions nous rendre compte par la suite que finalement nous avions raison et que c'était la preuve adversaire qui était fausse. L'argument qui nous aurait sauvé ne nous est pas venu sur le moment. C'est donc de là que découle cette maxime que d'attaquer un contre argument quand bien même celui-ci nous paraît criant de vérité, en espérant que celle-ci n'est que superficielle et qu'au cours du débat un autre argument nous viendra qui pourra endommager la thèse adverse ou confirmer la validité de la notre: nous sommes ainsi comme presque forcés à être de mauvaise foi, ou du moins fortement enclins à l'être. La faiblesse de l'intellect et la perversion de la volonté se soutiennent mutuellement. De là, ces joutes n'ont pas pour objectif la vérité mais une thèse, comme s'il s'agissait d'une bataille *pro aris et focis* poursuivie *per fas et nefas*. Comme expliqué plus haut, il ne peut en être autrement.

Ainsi, de manière générale, chacun persistera à défendre ses propres positions, même si sur le moment il la considère lui-même comme fausse ou douteuse.[3] Tout le monde est armé jusqu'à un certain point contre ce genre de procédé par sa propre astuce et son manque de scrupules: chacun apprend dans la vie de tous les jours cette *dialectique naturelle* de même que chacun possède sa *logique naturelle*. Cependant, celle-ci n'est pas fiable sur le long terme. Il n'est pas aisé pour quelqu'un de réfléchir à l'encontre des lois de la logique: si les faux jugements sont fréquents, les fausses conclusions sont rares. Ainsi, les hommes sont rarement exempts de logique naturelle, mais ils peuvent cependant être exempt de dialectique naturelle: c'est un don distribué en mesures pour le moins inégales (elle est l'équivalent du jugement, qui est inégalement répartie parmi les hommes tandis que la raison reste la même). Il arrive souvent que quelqu'un soit dans le vrai mais que son argumentation ait été confondue par des arguments superficiels. S'il émerge vainqueur de la controverse, il devra souvent sa victoire non seulement à la justesse de son jugement, mais surtout à l'intelligence et l'adresse dont il a fait preuve pour la défendre.

Ici, comme dans tous les cas, les dons sont innés[4], cependant la pratique et la réflexion quant aux tactiques par lesquelles quelqu'un peut vaincre un adversaire, ou quant à celles que l'adversaire utilise, comptent pour beaucoup dans la maîtrise de cet art. Ainsi, même si la logique n'a pas grande utilité pratique, la dialectique peut l'être. Aristote lui-même me semble avoir établi sa logique propre (analytique) en tant que fondation pour la préparation de sa dialectique et en a fait son cheval de bataille. La logique s'occupe simplement de la forme des propositions tandis que la dialectique porte sur le fond du sujet, la substance. Ainsi, il convient de considérer la forme générale de toutes les propositions avant de continuer avec les cas particuliers.

Aristote ne définit pas l'objet de la dialectique d'une façon aussi précise que moi : s'il lui donne bien pour principal objet la controverse, c'est en tant qu'outil pour rechercher la vérité (*Topica*, I, 2). Plus loin dans son œuvre, il dit également que d'un point de vue philosophique les propositions sont traitées en accord avec la vérité, et d'un point de vue dialectique, en fonction de leur plausibilité, c'est-à-dire de la mesure par lesquelles elles gagneront l'approbation des autres opinions (δοξα – *Topica*, I, 12). Il est conscient qu'il faut savoir distinguer la vérité objective d'une proposition et la séparer de la façon dont elle est présentée et de l'approbation qu'elle suscite. Cependant, il ne fait pas une distinction suffisamment précise entre ces deux aspects et n'utilise la dialectique que pour le second cas[5]. Les règles par lesquelles il définit la dialectique sont parfois mélangées avec celles définissant la logique. Il m'apparaît donc qu'il n'a pas réussi à trouver une solution claire à ce problème[6].

Dans son *Topica*, Aristote a, avec son esprit scientifique, entrepris de détailler la dialectique de façon méthodique et systématique, ce qui est tout à fait admirable, mais son but, évidemment ici pratique, n'a pas été atteint. Dans ses

Analytiques, après avoir examiné les concepts, jugements et conclusions dans leur pure forme, il se tourne vers le *contenu*, lequel se rattache aux concepts: c'est en eux que se tient le contenu[7]. (...) Afin de bien mettre en œuvre la *dialectique*, il ne faut pas s'attarder sur la vérité objective (qui est l'affaire de la logique) mais simplement la regarder comme étant *l'art d'avoir raison*, ce qui est, comme nous l'avons vu, d'autant plus aisé que lorsque l'on est d'emblée dans le vrai. Cependant la dialectique en soi ne fait qu'apprendre comment se défendre de tout type d'attaque, et de même, comment il peut attaquer une thèse adverse sans se contredire. La découverte de la vérité objective doit être séparée de l'art de faire des phrases gagnant l'approbation.: la première est une πραγματεια complètement différente qui est l'affaire du jugement, de la réflexion et de l'expérience pour laquelle il n'est pas d'art particulier tandis que la seconde est le but de la dialectique. Certains l'ont définie comme étant la logique des apparences, mais cette définition est fausse, sans quoi elle servirait qu'à réfuter des propositions fausses. Or, même quand quelqu'un a raison, il a besoin de la dialectique pour défendre et maintenir sa position. Il lui faut connaître les stratagèmes malhonnêtes afin de savoir comment leur faire face, voire même en faire usage lui-même afin de frapper son adversaire avec ses propres armes. Ainsi, dans la dialectique doit on écarter la vérité objective, ou plutôt, ne la regarder que comme circonstance accidentelle, et ne chercher qu'à défendre sa position et réfuter celle de son adversaire. En suivant les règles à ces fins, aucun intérêt ne doit être accordé à la vérité car généralement on ne sait pas où est la vérité[8]. Il n'est pas rare que l'on ne sache pas si l'on est dans le vrai ou le faux: tantôt on se croit à tort dans le vrai, tantôt les deux partis se croient dans le vrai.: *veritas est in puteo* (selon Démocrite: εν βνϑω η αληϑεια). Au début d'un débat, en règle générale, chacun est persuadé d'avoir raison et tandis que celui-ci se poursuit, les deux partis doutent de leurs propres thèses et la vérité n'est déterminée ou confirmée qu'à la fin. Ainsi, la dialectique n'a rien à voir avec la vérité tant que le maître d'escrime considère qui est dans le vrai quand le débat tourne en duel: il ne reste que l'estoc et la parade et c'est ainsi que l'on peut on voir la dialectique: comme l'art de l'escrime mental, et ce n'est qu'en la considérant ainsi que l'on peut en faire une discipline à part entière. En effet, en se contentant de viser la vérité objective, nous en sommes réduit à la simple *logique* tandis que si nous établissions des prépositions fausses, ce ne serait que de la simple *sophistique*. Or chacun de ces deux cas implique que le vrai et le faux nous est connu à l'avance mais c'est rarement le cas. La véritable conception de la dialectique est donc comme suit: l'art de l'escrime intellectuel dans le but d'avoir raison dans une controverse. Bien qu'*éristique* serait un nom correct pour cette discipline, le terme *dialectique éristique* l'est encore plus. Celle-ci est très utile, mais plus d'un l'a négligé à tort.

En ce sens, la dialectique n'a pour autre but que de résumer les arts qu'emploient les hommes lorsque ceux-ci se rendent compte dans un débat que la vérité n'est pas de leur côté mais tentent quand même de paraître avoir raison. Ainsi, il serait inapproprié dans la science de la dialectique de s'attarder sur la vérité objective et son développement puisque la dialectique naturelle et innée ne s'en soucie pas: seul avoir raison compte. La science de la dialectique, en un sens du terme, a pour principal but d'*établir et analyser les stratagèmes malhonnêtes* afin qu'ils puissent être immédiatement identifiés dans un débat réel, et écartés. C'est pourquoi la dialectique doit faire de la victoire son véritable but, et pas la vérité.

J'ignore si quoi que ce soit a déjà été fait dans ce domaine, bien que j'aie fait d'amples recherches[9]. Nous sommes sur un champ toujours en friche. Pour réaliser notre objectif, il nous faut donc nous baser sur notre expérience en observant comment tel ou tel stratagème est employé par un camp ou l'autre au cours des débats qui surviennent souvent dans notre entourage. En identifiant les éléments communs aux stratagèmes répétés sous différentes formes, nous pourrons présenter un certain nombre de stratagèmes généraux qui peuvent se montrer avantageux aussi bien pour soutenir nos points de vue que pour défaire ceux de l'adversaire.

Ce qui suit est à considérer comme une *première tentative* dans ce domaine.

---

1. Les Anciens utilisaient les termes logique et dialectique comme synonymes, ce qui est d'ailleurs toujours le cas avec le sens moderne de ces mots.
2. *Éristique* n'est qu'un terme plus dur signifiant la même chose. Aristote (selon Diogène Laërce, V. 28) aurait placé sur un pied d'égalité rhétorique et dialectique, visant à convaincre, το πιθανον, tandis qu'analytique et philosophie visent à chercher la vérité. Διαλεκτικη δε εστι τεκνη λογων, δί ης ανασκευαζομεν τι η κατασκευαζομεν, εξ ερωτη σεως και αποκρισεως των προσδιαλεγομενων, Diogène Laërce, *Vita Platonis*, III, 48. Aristote fait la différence entre

    1. la *logique* ou *analytique*, la théorie ou méthode menant aux véritables conclusions, l'apodictique;
    2. la *dialectique*, ou la méthode menant aux conclusions passant pour véritables – ενδοξα, *probabilia* (*Topica*, I, 1 et 12) – autrement dit les conclusions qui ne passent pas pour fausses et qui ne passent pas pour vraies (en elles-mêmes). Qu'est-ce sinon l'art d'avoir raison, que l'on ait raison ou pas? C'est-à-dire l'art d'attendre l'apparence de la vérité, comme je le disais plus haut. Aristote divise toutes les conclusions entre logique et dialectique de la manière que je viens de décrire, puis en éristique;
    3. l'*éristique*, la méthode par laquelle la forme de la conclusion est correcte mais dont les phrases, le sujet, ne sont pas vraies mais paraissent vraies, et enfin:
    4. la *sophistique*, la méthode où la forme de la conclusion est fausse alors qu'elle paraît correcte.

    Ces trois derniers appartiennent à l'art de la dialectique éristique car elles n'ont pas pour objectif de parvenir à la vérité mais seulement de se parer de son apparence, c'est-à-dire d'*avoir raison*. Les conclusions sophistiques d'Aristote, dernier livre de sa dialectique, fut édité ultérieurement.

3. Machiavel conseille à son Prince de profiter de tout moment de faiblesse de son voisin pour l'attaquer car ce dernier risque d'agir de même. Si l'honneur et la fidélité régnaient en ce monde, ce serait une autre histoire, mais comme on n'est pas en droit d'espérer trouver ces qualités chez son prochain, on ne doit pas les pratiquer soi même sous peine de voir cette pratique se retourner contre soi. Ainsi en est il dans un débat: si je laisse mon adversaire avoir raison dès que j'ai l'impression qu'il a raison, il y a peu de chances qu'il fasse de même lorsque la situation s'inversera, et s'il procède *per nefas*, je dois faire de même. Il est facile de dire que l'on doit se rallier à la vérité sans se soucier de ses propres préjugés, mais il ne faut pas s'attendre à ce que son adversaire fasse de même, et il faut donc agir ainsi soi même. En outre, si je devais abandonner la position que je défendais auparavant dès que je me rends compte que mon adversaire a raison, il demeure possible que cette impression n'est que passagère et que je risque d'abandonner la vérité pour accepter une erreur.

4. *Doctrina sed vim promovet insitam.*

5. D'un autre côté, dans son livre *Les Réfutations sophistiques*, il fait trop d'efforts pour distinguer la *dialectique* de la *sophistique* et de l'*éristique* alors que la différence ne réside que dans le fait que les conclusions de la dialectique sont vraies dans la forme tandis que les conclusions de la sophistique et de l'éristique sont fausses (entre l'*éristique* et la *sophistique*, seule diffère l'intention: l'éristique vise à avoir raison tandis que la sophistique vise la réputation et le gain pécuniaire).

Qu'une proposition soit vraie par rapport à son contenu est un sujet bien trop incertain pour établir la fondation de cette distinction, et il s'agit d'un sujet sur lequel le débatteur est le dernier à être certain, et qui n'est pas non plus révélé sous une forme très sûre, même par le résultat de la controverse. Ainsi, lorsqu'Aristote parle de dialectique, il faut y inclure la sophistique, l'éristique et la peirastique, définie comme « l'art d'avoir raison dans une discussion » pour laquelle le plan le plus sûr est sans aucun doute d'avoir raison dès le début, mais qui en soi ne suffit pas étant donné la nature humaine et n'est pas non plus nécessaire étant donné la faiblesse et de l'intellect humain. Il faut donc avoir recours à d'autres procédés, qui, justement par le fait qu'ils ne sont pas nécessaires à l'atteinte de la vérité, peuvent également être utilisés lorsque quelqu'un est objectivement dans son tort, et que ce soit le cas ou pas, la certitude est rarement au rendez-vous.

Mon avis est qu'il faut donc faire une distinction entre *dialectique* et *logique* plus claire que celle faite par Aristote, qu'à la *logique* il faut assigner la vérité objective avec pour limite sa formalité, et que l'on confine la *dialectique* à l'art d'*avoir raison*, et par opposition, ne pas distinguer la sophistique et l'éristique de la dialectique comme le fait Aristote puisque la différence qu'il pointe repose sur la vérité objective et matérielle. Or la certitude n'est pas discernable avant la discussion et nous sommes contraints de dire, comme Ponce Pilate: « Qu'est-ce que la vérité? » Car *veritas est in puteo*: εν βνθω η αληθεια selon Démocrite (Diogène Laërce, IX, 72). Il est facile de dire que lorsque l'on débat il ne faut avoir pour seul objectif que la recherche de la vérité, mais avant le débat, personne ne connaît la vérité et à travers ses propres arguments et ceux de son adversaire, on peut s'égarer. D'ailleurs, *re intellecta, in verbis simus faciles*: comme beaucoup ont tendance à comprendre le terme *dialectique* dans le sens de *logique*, nous voulons appeler cette discipline *dialectica eristica*, ou *dialectique éristiche*.

<u>6.</u> Il faut toujours bien distinguer les sujets des disciplines les unes des autres.

<u>7.</u> Cependant, les concepts peuvent êtres pris sous certaines classes, comme le genre et l'espèce, la cause et l'effet, une qualité et son contraire, posséder et être dans le dénuement, *etc.* et à ces classes s'appliquent certaines règles générales: les *loci* et les τοποι. Un *locus* d'une cause et d'un effet serait par exemple « la cause de la cause est une cause de l'effet » [Christian Wolff, *Ontologia*, § 928], ce qui s'applique ainsi: « la cause de mon bonheur est ma fortune et donc ce qui m'a donné ma fortune m'a donné mon bonheur. Des *loci* de contraste peuvent:

1. s'exclure mutuellement, par exemple, droit et tordu;
2. être présents dans le même sujet: par exemple, le siège de l'amour est dans la volonté (επιθυμητικον) et celui de la haine également. – Cependant si elle est dans le siège du sentiment (θυμοειδες), il en va de même pour l'amour. – L'âme ne peut être ni blanche, ni noire;
3. dans le cas où le degré inférieur manque, le degré supérieur manque également: si un homme n'est pas juste, ni ne sera pas non plus bienveillant.

De là on en déduit que les *loci* sont des vérités générales qui se rapportent à d'entières classes de concepts que l'on peut utiliser dans les cas particuliers pour en tirer des arguments et les montrer à tous comme évidents. Pourtant, la plupart sont très trompeurs et il y a de nombreuses exceptions: par exemple, selon un *locus*: les opposés ont des rapports opposés, par exemple: la vertu est belle, le vice est laid – l'amitié est bienveillante, l'hostilité est malveillante. – Mais: le gaspillage est un vice donc l'avarice est une vertu ou les fous disent la vérité et donc les sages mentent sont des raisonnements qui ne marchent pas. La mort est une disparition et donc la vie une naissance: faux. Un exemple du caractère trompeur de ces *topi*: Scot Erigène dans son livre *De prædestinatione*, chap. 3, veut réfuter les hérétiques qui voyaient en Dieu deux *prædestinationes* (l'une au salut des élus, l'autre à la damnation des damnés) et utilise ce *topus* (Dieu sait où il a été le chercher): « *Omnium, quæ sunt inter se contraria, necesse est eorum causas inter se esse contrarias; unam enim eandemque causam diversa, inter se contraria efficere ratio prohibet.* » Pourquoi pas! Mais on sait *experientia docet* que la chaleur durcit l'argile, mais ramollit la cire, et cent autres choses du même acabit. Pourtant ce *topus* semble plausible. Il monte cependant toute sa démonstration sur ce *topus*, mais cela ne nous concerne plus. On peut trouver une entière collection de *locis* avec leurs réfutations dans l'ouvrage qu'a publié Francis Bacon sous le titre *Colores boni et mali*. – Vous pouvez y tirer des exemples. Il les appelle *sophismata*. On peut considérer comme *locus* l'argument opposé par Socrate à Agathon dans le *Symposium*, où ce dernier avait attaché toutes les bonnes qualités comme la beauté, la bonté, *etc.* à l'amour, mais où Socrate prouve le contraire: On cherche ce qu'on n'a pas: or l'amour cherche le beau et le bon et ne les a donc pas. » Il semblerait qu'il y ait des vérités générales qui soient applicables à toutes choses, si différentes soient elles, sans dépendre de leurs particularités. (La loi de compensation est un bon *locus*.) Or il n'en est rien, parce que les concepts naissent de l'abstraction des particularités et englobent toutes sortes de réalités lesquelles peuvent ressortir lorsque les concepts de choses individuelles les plus diverses sont rapprochés, et ne sont jugées qu'en se basant sur les autres concepts. Il est même dans la nature humaine lors d'un débat de se réfugier derrière un *topus* général lorsque pris en défaut. On compte également parmi les *loci* la *lex parsimoniæ naturæ* ou encore la *natura nihil facit frustra*. Oui, tous les proverbes sont les *loci* relatifs à une application pratique.

8. Il arrive souvent que deux personnes débattement férocement, puis en rentrant chez eux, ont pris la position de l'adversaire, échangeant ainsi leurs opinions.

9. Selon Diogène Laërce, parmi les nombreux écrits de rhétorique de Théophraste – lesquels ont tous été perdus – il en était un intitulé ᾽Αγωνιστικον της περι τους εριστικους λογους θεωριας qui aurait pu être précisément ce que nous cherchions.

La base de toute dialectique

Avant tout, il nous faut considérer l'*essence de tout débat*: ce qu'il s'y déroule réellement.

Notre adversaire a posé une *thèse* (ou bien nous même en avons formulé une, cela revient au même). Pour la réfuter, il existe deux modes et deux moyens.

1. Les modes sont:
   1. *ad rem*;
   2. *ad hominem* ou *ex concessis*, c.-à-d. montrer que la thèse ne s'accorde pas avec la nature des choses, la vérité objective absolue, ou du moins qu'elle est inconsistante avec d'autres thèses de l'adversaire, c.-à-d. avec la vérité relative et subjective. Ce dernier mode ne produit qu'une conviction relative et ne fait aucune différence avec la vérité objective.
2. Les moyens sont:
   1. réfutation directe;
   2. réfutation indirecte.

La directe attaque la thèse sur ses raisons, l'indirecte sur ses conséquences: la directe montre qu'une thèse n'est pas vraie, l'indirecte qu'elle ne peut pas être vraie.

1. Par le moyen *direct*, nous pouvons agir de deux façons. Soit en exposant que les raisons de la thèse sont fausses (*nego majorem, minorem*), soit en admettant les raisons ou prémisses mais en démontrant que la thèse ne découle pas d'eux (*nego consequentiam*), c'est-à-dire attaquer la *conclusion* et sa forme.
2. Par la réfutation *indirecte*, nous faisons usage soit de *diversion*, soit d'*instance*.

1. *La diversion*: nous acceptons la thèse adverse comme vraie et nous exposons ce qui en découle à partir d'une autre proposition considérée comme vraie pour aboutir à une conclusion manifestement fausse, soit parce qu'elle contredit la nature des choses[1], soit parce qu'elle contredit d'autres déclarations de l'adversaire *ad rem* ou *ad hominem* (Socrate, *Hippias majeur* et autres). Implicitement, la thèse adverse doit donc être fausse car de deux prémisses vraies on ne peut aboutir qu'à une conclusion vraie tandis que deux prémisses fausses ne donnent pas forcément une conclusion fausse.
2. *L'instance*, ενστατις, *exemplum in contrarium*: il s'agit de réfuter la thèse générale en se référent directement aux cas particuliers inclus mais auxquels ils ne semblent pas avoir de rapport, ce qui donne l'impression de discréditer la thèse elle-même.

Telle est la structure basique, le squelette de tout débat, car tout débat repose dessus. Mais la controverse peut se baser là-dessus ou seulement en donner l'impression et peut utiliser de véritables arguments comme de faux. C'est parce qu'il n'est pas aisé de discerner la vérité que les débats sont si longs et obstinés. Nous ne pouvons pas non plus séparer la vérité apparente de la véritable vérité car mêmes les débatteurs eux-mêmes n'en sont pas certain. Je vais donc décrire les différents *stratagèmes* sans m'occuper du vrai ou du faux puisque la distinction ne peut être faite et que personne ne connaît la vérité *objective* et absolue. En outre, dans tout débat ou dispute sur n'importe quel sujet, il nous faut être d'accord sur quelque chose, et en principe, chacun doit bien vouloir porter un jugement sur ce dont il est question: *contra negantem principia non est disputandum*.

1. Si elle est en contradiction directe avec une vérité indubitable, nous aurons alors mené notre adversaire *ad absurdum*.

Stratagème I
L'extension

Il s'agit de reprendre la thèse adverse en l'élargissant hors de ses limites naturelles, en lui donnant un sens aussi général et large que possible et l'exagérer, tout en maintenant les limites de ses propres positions aussi restreintes que possibles. Car plus une thèse est générale et plus il est facile de lui porter des attaques. Se défendre de cette stratégie consiste à formuler une proposition précise sur le *puncti* ou le *status controversiæ*.

Exemple 1

> Je dis: « Les Anglais sont la première nation en ce qui concerne la dramaturgie. » Mon adversaire tenta alors de donner une *instance* du contraire et répondit: « Il est bien connu que les Anglais ne sont pas doués en musique, et donc en opéra. » Je réfutai l'attaque en lui rafraîchissant la mémoire: « La musique ne fait pas partie de la dramaturgie qui ne comprend que tragédie et comédie. » Mon adversaire le savait probablement mais avait tenté de généraliser mon propos afin d'y inclure toutes les représentations théâtrales, et donc l'opéra, et donc la musique, afin de me prendre en erreur sur ma thèse.

Inversement, il est possible de défendre ses positions en réduisant davantage les limites dans lesquelles elles s'appliquent initialement, pour peu que notre formulation nous y aide.

Exemple 2

> A dit: « La Paix de 1814 a donné à toutes les villes allemandes de la ligue hanséatique leur indépendance. » et B donne une *instantia in contrarium* en rappelant que Dantzig avait reçu son indépendance de Bonaparte et l'avait perdue par cette Paix. A se sauve: « J'ai dit toutes les

villes allemandes de la ligue hanséatique: Dantzig était une ville polonaise. »

Ce stratagème a déjà été mentionné par Aristote dans *Topiques*, VIII, 12, 11.

Exemple 3

Lamark, dans sa *Philosophie zoologique* rejette l'idée que les polypes puissent éprouver des sensations car ils sont dépourvus de nerfs. Il est cependant certain qu'il existe chez eux un sens de la perception: ceux-ci s'orientent en direction de la lumière en se déplaçant de tentacule en tentacule et peuvent saisir leurs proies. Il a donc été émis l'hypothèse que leur système nerveux s'étendait à travers tout leur corps en égale mesure, comme s'ils étaient fusionnés avec, car il est évident que les polypes possèdent la faculté de perception sans présenter d'organes sensoriels. Comme cette théorie réfute l'argument de Lamark, celui-ci a recours à la dialectique: « Dans ce cas toutes les parties du corps des polypes doivent être capable de toute sorte de perception, de mouvement et de pensée. Le polype aurait alors en chaque point de son corps tous les organes du plus parfait des animaux: chaque point pourrait voir, sentir, goûter, écouter, *etc*. Ou mieux: penser, juger, faire des conclusions: chaque particule de son corps serait un animal parfait, et le polype serait au-dessus de l'homme car chaque particule de son corps aurait toutes les capacités des hommes. En outre, il n'y aurait pas de raisons de ne pas étendre ce qui est vrai pour le polype à tous les monades, puis aux plantes, lesquelles sont elles aussi vivantes, *etc.* » En faisant usage de cette stratégie de dialectique, un écrivain trahit le fait qu'il sait avoir tort. Parce que quelqu'un a dit: « Tout leur corps perçoit la lumière et agit donc comme un nerf », Lamark a étendu au fait que le corps était capable de penser.

Stratagème II
L'homonymie

Ce stratagème consiste à étendre une proposition à quelque chose qui a peu ou rien à voir avec le discours original hormis la similarité des termes employés afin de la réfuter triomphalement et donner l'impression d'avoir réfuté la proposition originale.

Nota: des mots sont *synonymes* lorsqu'ils représentent la même conception tandis que des *homonymes* sont deux conceptions couvertes par le même mot. Voir Aristote, *Topiques*, I, 13. « Profond », « coupant », « haut » pour parler tantôt de corps tantôt de ton sont des *homonymes* tandis que « honorable » et « honnête » sont des *synonymes*.

On peut voir ce stratagème comme étant identique au sophisme *ex homonymia*. Cependant, si le sophisme est évident, il ne trompera personne.

> *Omne lumen potest extingui*
> *Intellectus est lumen*
> *Intellectus potest extingui*

Nous pouvons voir ici quatre termes: « lumière », utilisé à la fois au sens propre et au sens figuré. Mais dans les cas subtils ces homonymes couvrant plusieurs concepts peuvent induire en erreur[1].

Exemple 1

> A: « Vous n'êtes pas encore initié aux mystères de la philosophie de Kant. »
>
> B: « Ah, mais s'il s'agit de mystères, cela ne m'intéresse pas! »

Exemple 2

> J'ai condamné le principe d'« honneur » comme étant ridicule car si un homme perd son honneur en recevant une insulte, il ne peut la laver qu'en rétorquant une insulte encore plus grande ou en faisant couler le sang de son adversaire ou le sien. J'ai soutenu que le véritable honneur d'un homme ne pouvait être terni par ce dont il souffre, mais uniquement par ses actions car il est impossible de prévoir ce qui peut nous arriver. Mon adversaire attaqua immédiatement mon argument en me prouvant triomphalement que lorsqu'un commerçant se faisait faussement accuser de malhonnêteté ou de mal tenir son affaire, c'était une attaque à son honneur et ce dernier souffrait à cause de ce qu'il subissait et ne pouvait être lavé qu'en punissant son agresseur et en le forçant à se rétracter.
>
> Ici, l'homonyme imposé est celui entre l'*honneur civique*, également appelé *bon nom*, qui peut souffrir de la diffamation et du scandale, et l'*honneur chevaleresque* ou *point d'honneur*, qui peut souffrir de l'insulte. On ne peut ne pas tenir compte d'une attaque sur le premier qui doit être réfutée en public, et donc avec la même justification, une attaque sur le second ne peut pas non plus être ignoré mais ne peut être lavé que par le duel ou une insulte encore plus grande. Nous avons là une confusion entre deux choses complètement différentes qui se rassemblent dans l'homonyme *honneur* d'où provient l'altération du débat.

---

1. Les erreurs volontaires ne sont jamais assez subtiles pour induire en erreur et il faut trouver des exemples par ses propres expériences. Ce serait une bonne chose si tous les stratagèmes pouvaient porter un nom court et approprié afin que si quelqu'un utilise l'un d'eux, on puisse immédiatement le lui reprocher.

Stratagème III
La généralisation des arguments adverses

Il s'agit de prendre une proposition κατα τι, *relative*, et de la poser comme απλως, *absolue*[1] ou du moins la prendre dans un contexte complètement différent et puis la réfuter. L'exemple d'Aristote est le suivant: le Maure est noir, mais ses dents sont blanches, il est donc noir et blanc en même temps. Il s'agit d'un exemple inventé dont le sophisme ne trompera personne. Il faut donc prendre un exemple réel.

Exemple 1

> Lors d'une discussion concernant la philosophie, j'ai admis que mon système soutenait les Quiétistes et les louait. Peu après, la conversation dévia sur Hegel et j'ai maintenu que ses écrits étaient pour la plupart ridicules, ou du moins, qu'il y avait de nombreux passages où l'auteur écrivait des mots en laissant au lecteur le soin de deviner leur signification. Mon adversaire ne tenta pas de réfuter cette affirmation *ad rem*, mais se contenta de l'*argumentum ad hominem* en me disant que je faisais la louange des Quiétistes alors que ceux-ci avaient également écrit de nombreuses bêtises.
>
> J'ai admis ce fait, mais pour le reprendre, j'ai dit que ce n'était pas en tant que philosophes et écrivains que je louais les Quiétistes, c'est-à-dire de leurs réalisations dans le domaine de la *théorie*, mais en tant qu'hommes et pour leur conduite dans le domaine *pratique*, alors que dans le cas d'Hegel, nous parlions des ses théories. Ainsi ai-je paré l'attaque.

Les trois premiers stratagèmes sont apparentés: ils ont en commun le fait que l'on attaque quelque chose de différent que ce qui a été affirmé. Ce serait un *ignoratio elenchi* de se faire battre de telle façon. Dans tous les exemples que j'ai donnés, ce que dit l'adversaire est vrai et il se tient c'est en opposition apparente et non réelle avec la thèse. Tout ce que nous avons à faire pour parer ce genre d'attaque est de nier la validité du syllogisme, c'est-à-dire la conclusion qu'il tire, parce qu'il est en tort et nous sommes dans le vrai. Il s'agit donc d'une réfutation directe de la réfutation *per negationem consequentiæ*.

Il ne faut pas admettre les véritables prémisses car on peut alors deviner les conclusions. Il existe cependant deux façons de s'opposer à cette stratégie que nous verrons dans les sections 4 et 5.

---

1. *Sophisma a dicto secundum quid ad dictum simpliciter.* C'est le second *elenchus sophisticus* d'Aristote, εξω τη λεξεως: – το απλως, η μη απλως, αλλα πη η που, ποτε, η προς τι λεγεσθαι, Les Réfutations Sophistiques, 5.

Stratagème IV
Cacher son jeu

Lorsque l'on désire tirer une conclusion, il ne faut pas que l'adversaire voie où l'on veut en venir, mais quand même lui faire admettre les prémisses un par un, l'air de rien, sans quoi l'adversaire tentera de s'y opposer par toutes sortes de chicanes. S'il est douteux que l'adversaire admette les prémisses, il faut établir des prémisses à ces prémisses, faire des pré-syllogismes et s'arranger pour les faire admettre, peu importe l'ordre. Vous cachez ainsi votre jeu jusqu'à ce que votre adversaire ait approuvé tout ce dont vous aviez besoin pour l'attaquer. Ces règles sont données dans Aristote, *Topiques*, VIII, 1.

Ce stratagème n'a pas besoin d'être illustré par un exemple.

Stratagème V
Faux arguments

On peut, pour prouver une assertion dans le cas où l'adversaire refuse d'approuver de vrais arguments, soit parce qu'il n'en perçoit pas la véracité, soit parce qu'il devine où l'on veut en venir, utiliser des arguments que l'on sait être faux. Dans ce cas, il faut prendre des arguments faux en eux-mêmes, mais vrais *ad hominem*, et argumenter avec la façon de penser de l'adversaire, c'est-à-dire *ex concessis*. Une conclusion vraie peut en effet découler de fausses prémisses, mais pas l'inverse. De même, on peut détourner les faux arguments de l'adversaire par de faux arguments qu'il pense être vrais. Il faut utiliser son mode de pensée contre lui. Ainsi, s'il est membre d'une secte à laquelle nous n'appartenons pas, nous pouvons utiliser la doctrine de secte contre lui. Aristote, *Topiques*, VIII, 9.

Stratagème VI
Postuler ce qui n'a pas été prouvé

On fait une *petitio principii* en postulant ce qui n'a pas été prouvé, soit:

1. en utilisant un autre nom, par exemple « bonne réputation » au lieu de « honneur », « vertu » au lieu de « virginité », *etc.* ou en utilisant des mots intervertibles comme « animaux à sang rouge » au lieu de « vertébrés »;
2. en faisant une affirmation générale couvrant ce dont il est question dans le débat: par exemple maintenir l'incertitude de la médecine en postulant l'incertitude de toute la connaissance humaine;
3. ou vice-versa, si deux choses découlent l'une de l'autre, et que l'une reste à prouver, on peut postuler l'autre;
4. si une proposition générale reste à prouver, on peut amener l'adversaire à admettre chaque point particulier. Ceci est l'inverse du deuxième cas.

Aristote, *Topiques*, VIII, 11.

Le dernier chapitre des *Topiques* contient de bonnes règles pour s'entraîner à la dialectique.

Stratagème VII
Atteindre le consensus par des questions

Si le débat est conduit de façon relativement stricte et formelle, et qu'il y a le désir d'arriver à un consensus clair, celui qui formule une proposition et veut la prouver peut s'opposer à son adversaire en posant des questions, afin de démontrer la vérité par ses admissions. Cette méthode érothématique (également appelée Socratique) était particulièrement en usage chez les Anciens, et quelques stratagèmes développés plus loin y sont associés (*ceux-ci dérivent librement des* Réfutations Sophistiques *d'Aristote, chapitre 15*).

L'idée est de poser beaucoup de questions à large portée en même temps, comme pour cacher ce que l'on désire faire admettre. On soumet ensuite rapidement l'argument découlant de ces admissions: ceux qui ne sont pas vif d'esprit ne pourront pas suivre avec précision le débat et ne remarqueront pas les erreurs ou oublis de la démonstration.

Stratagème VIII
Fâcher l'adversaire

Provoquez la colère de votre adversaire: la colère voile le jugement et il perdra de vue où sont ses intérêts. Il est possible de provoquer la colère de l'adversaire en étant injuste envers lui à plusieurs reprises, ou par des chicanes, et en étant généralement insolent.

Stratagème IX
Poser les questions dans un autre ordre

Posez vos questions dans un ordre différent de celui duquel la conclusion dépend, et transposez-les de façon à ce que l'adversaire ne devine pas votre objectif. Il ne pourra alors pas prendre de précautions et vous pourrez utiliser ses réponses pour arriver à des conclusions différentes, voire opposées. Ceci est apparenté au stratagème 4: cacher son jeu.

Stratagème X
Prendre avantage de l'antithèse

Si vous vous rendez compte que votre adversaire répond par la négative à une question à laquelle vous avez besoin qu'il réponde par la positive dans votre argumentation, interrogez-le sur l'opposé de votre thèse, comme si c'était cela que vous vouliez lui faire approuver, ou donnez-lui le choix de choisir entre les deux afin qu'il ne sache pas à laquelle des deux propositions vous voulez qu'il adhère.

Stratagème XI
Généraliser ce qui porte sur des cas précis

Faites une induction et arrangez vous pour que votre adversaire concède des cas particuliers qui en découlent, sans lui dire la vérité générale que vous voulez lui faire admettre. Introduisez plus tard cette vérité comme un fait admis, et, sur le moment, il aura l'impression de l'avoir admise lui-même, et les auditeurs auront également cette impression car ils se souviendront des nombreuses questions sur les cas particuliers que vous aurez posées.

Stratagème XII
Choisir des métaphores favorables

Si la conversation porte autour d'une conception générale qui ne porte pas de nom mais requiert une désignation métaphorique, il faut choisir une métaphore favorable à votre thèse. Par exemple, les mots *serviles* et *liberales* utilisés pour désigner les partis politiques espagnols furent manifestement choisis par ces derniers.

Le terme *protestant* fut choisi par les protestants, ainsi que le terme *évangéliste* par les évangélistes, mais les catholiques les appellent des *hérétiques*.

On peut agir de même pour les termes ayant des définitions plus précises, par exemple, si votre adversaire propose une *altération*, vous l'appellerez une « innovation » car ce terme est péjoratif. Si vous êtes celui qui fait une proposition, ce sera l'inverse. Dans le premier cas, vous vous référerez à votre adversaire comme étant « l'ordre établi », dans le second cas, comme « préjugé désuet ». Ce qu'une personne impartiale appellerait « culte » ou « pratique de la religion » serait désigné par un partisan comme « piété » ou « bénédiction divine » et par un adversaire comme « bigoterie » ou « superstition ». Au final, il s'agit là d'un *petitio principii*: ce qui n'a pas été démontré est utilisé comme postulat pour en tirer un jugement. Là où une personne parle de « mise en détention provisoire », une autre parlera de « mettre sous les verrous ». Un interlocuteur trahira ainsi souvent ses positions par les termes qu'il emploie. De tous les stratagèmes, celui-ci est le plus couramment utilisé et est utilisé d'instinct. L'un parlera de « prêtres » là où un autre parlera de « ratichons ». Zèle religieux = fanatisme, indiscrétion ou galanterie = adultère, équivoque = salace, embarras = banqueroute, « par l'influence et les connections » = « par les pots-de-vin et le népotisme », « sincère gratitude » = « bon paiement », *etc.*

Stratagème XIII
Faire rejeter l'antithèse

Pour que notre adversaire accepte une proposition, il faut également lui fournir la contre-proposition et lui donner le choix entre les deux, en accentuant tellement le contraste que, pour éviter une position paradoxale, il se ralliera à notre proposition qui est celle qui paraît le plus probable. Par exemple, si vous voulez lui faire admettre qu'un garçon doit faire tout ce que son père lui dit de faire, posez lui la question: « Faut-il en toutes choses obéir ou bien désobéir à ses parents? » De même, si l'on dit d'une chose qu'elle se déroule « souvent », demandez si par « souvent » il faut comprendre peu ou beaucoup de cas et il vous dira « beaucoup ». C'est comme si l'on plaçait du gris à côté du noir et qu'on l'appelait blanc, ou à côté du blanc et qu'on l'appelait noir.

Stratagème XIV
Clamer victoire malgré la défaite

Il est un piège effronté que vous pouvez poser contre votre adversaire: lorsque votre adversaire aura répondu à plusieurs questions, sans qu'aucune des réponses ne se soient montrées favorables quant à la conclusion que vous défendez, présentez quand même votre conclusion triomphalement comme si votre adversaire l'avait prouvée pour vous. Si votre adversaire est timide, ou stupide, et que vous vous montrez suffisamment audacieux et parlez suffisamment fort, cette astuce pourrait facilement réussir. Ce stratagème est apparenté au *fallacia non causæ ut causæ*.

Stratagème XV
Utiliser des arguments absurdes

Si nous avons avancé une proposition paradoxale et que nous avons du mal à la prouver, nous pouvons proposer à notre adversaire une proposition qui paraît correcte mais dont la vérité n'est pas tout à fait palpable à première vue, comme si nous désirions nous servir de cette proposition comme preuve. Si l'adversaire rejette cette proposition par méfiance, nous proclamerons triomphalement l'avoir mené *ad absurdum*. Si en revanche il accepte la proposition, cela montre que nous étions raisonnablement dans le vrai et pouvons continuer dans cette voie. Nous pouvons aussi avoir recours au stratagème précédent et déclarer notre position paradoxale démontrée par la proposition qu'il a admise. Cela demande une impudence extrême mais de tels cas arrivent et il est des personnes qui procèdent ainsi d'instinct.

Stratagème XVI
Argument *ad hominem*

L'*argumenta ad hominem* ou *ex concessis*: lorsque notre adversaire fait une proposition, il faut vérifier si celle-ci ne serait pas inconsistante – même si ce n'est qu'une apparence – avec d'autres propositions qu'il a faites ou admises, ou avec les principes de l'école ou de la secte à laquelle il appartient, ou avec les actions des membres de son culte, au pire avec ceux qui donnent l'impression d'avoir les mêmes opinions, même si c'est infondé. Par exemple, s'il défend le suicide, on peut lui répondre: « Alors pourquoi ne te pends-tu pas? » Ou encore, s'il soutient qu'il ne fait pas bon vivre à Berlin, on peut rétorquer: « Pourquoi ne prends-tu pas le premier express pour la quitter? »

Tel est le genre de chicanes que l'on peut utiliser.

Stratagème XVII
Se défendre en coupant les cheveux en quatre

Si l'adversaire nous repousse en présentant des preuves contraires, il est souvent possible de se sauver en établissant une fine distinction à laquelle nous n'avions pas pensé auparavant. Ceci s'applique dans le cas de double sens ou double cas.

Stratagème XVIII
Interrompre et détourner le débat

Si nous nous rendons compte que l'adversaire a entrepris une série d'arguments qui va mener à notre défaite, il ne faut pas lui permettre d'arriver à conclusion mais l'interrompre au milieu de son argumentation, le distraire, et dévier ce sujet pour l'amener à d'autres. On peut utiliser un *mutatio controversiæ* (voir stratagème XXIX).

Stratagème XIX
Généraliser plutôt que de débattre de détails

Si l'adversaire nous défie expressément de mettre à mal un point particulier de son argumentation mais que nous ne voyons pas grand-chose à y redire, nous devons tenter de généraliser le sujet puis de l'attaquer là dessus. Si on nous demande d'expliquer pourquoi on ne peut pas faire confiance à une certaine hypothèse physique, nous pouvons invoquer la faillibilité de la connaissance humaine en citant plusieurs exemples.

Stratagème XX
Tirer des conclusions

Lorsque nous avons postulé nos prémisses et que l'adversaire les a admises, il faut s'abstenir de lui demander de tirer lui-même conclusions et le faire soi-même immédiatement. Et même s'il manque une prémisse ou deux, nous pouvons faire comme si elles avaient été admises et annoncer la conclusion. Il s'agit d'une application du *fallacia non causæ ut causæ*.

Stratagème XXI
Répondre à de mauvais arguments par de mauvais arguments

Lorsque l'adversaire use d'un argument superficiel ou sophistique, et que nous voyons à travers, il est certes possible de le réfuter en exposant son caractère superficiel, mais il est préférable d'utiliser un contre argument tout aussi superficiel et sophistique. En effet, ce n'est pas de la vérité dont nous nous préoccupons mais de la victoire. S'il utilise par exemple un *argumentum ad hominem* il suffit d'y répondre par un contre *argumentum ad hominem* (*ex concessis*). Il est en général plus court de procéder ainsi que de s'établir la vérité par une longue argumentation.

Stratagème XXII
Petitio principii

Si notre adversaire veut que nous admettions quelque chose à partir duquel le point problématique du débat s'ensuit, il faut refuser en déclarant que l'adversaire fait un *petitio principii*. L'auditoire identifiera immédiatement tout argument similaire comme tel et privera l'adversaire de son meilleur argument.

Stratagème XXIII
Forcer l'adversaire à l'exagération

La contradiction et la dispute incitent l'homme à l'*exagération*. Nous pouvons ainsi par la provocation inciter l'adversaire à aller au-delà des limites de son argumentation pour le réfuter et donner l'impression que nous avons réfuté l'argumentation elle même. De même, il faut faire attention à ne pas exagérer ses propres arguments sous l'effet de la contraction. L'adversaire cherchera souvent lui-même à exagérer nos arguments au-delà de leurs limites et il faut l'arrêter immédiatement pour le ramener dans les limites établies: « Voilà ce que j'ai dit, et rien de plus. »

Stratagème XXIV
Tirer de fausses conclusions

Il s'agit de prendre une proposition de l'adversaire et d'en déformer l'esprit pour en tirer de fausses propositions, absurdes et dangereuses que sa proposition initiale n'incluait pas: cela donne l'impression que sa proposition a donné naissance à d'autres qui sont incompatibles entre elles ou défient une vérité acceptée. Il s'agit d'une réfutation indirecte, une *apagogie*, qui est une autre application de *fallacia non causæ ut causæ*.

Stratagème XXV
Trouver une exception

Il s'agit d'une *apagogie* à travers une *instance*, un *exemplum in contrarium*. L'επαγωγη, *inductio*, nécessite un grand nombre d'instances bien définies pour s'établir comme une proposition universelle tandis que l'απαγωγη ne requiert qu'une seule instance à laquelle la proposition ne s'applique pas et qui la réfute. C'est ce qui s'appelle une instance, ενστασις, *exemplum in contrarium, instantia*. Par exemple, la phrase: « Tous les ruminants ont des cornes » est réfutée par la seule instance du chameau. L'instance s'applique là où une vérité fondamentale cherche à être mise en application, mais que quelque chose est inséré dans la définition qui ne la rend pas universellement vraie. Il est cependant possible de se tromper et avant d'utiliser des instances, il faut vérifier:

1. si l'exemple est vrai, car il y a des cas dans lesquels l'unique exemple n'est pas vrai, comme dans le cas de miracles, d'histoires de fantômes, *etc.*;
2. si l'exemple entre dans le domaine de conception de la vérité qui est établi par la proposition, car ça pourrait n'être qu'apparent, et le sujet est de nature à être réglé par des distinctions précises;
3. si l'exemple est réellement inconsistant avec la proposition, car là encore, ce n'est souvent qu'apparent.

Stratagème XXVI
Retourner un argument contre l'adversaire

Un coup brillant est le *retorsio argumenti* par lequel on retourne l'argument d'un adversaire contre lui. Si par exemple, celui-ci dit: « Ce n'est qu'un enfant, il faut être indulgent. » le *retorsio* serait: « C'est justement parce que c'est un enfant qu'il faut le punir, ou il gardera de mauvaises habitudes. »

Stratagème XXVII
La colère est une faiblesse

Si l'adversaire se met particulièrement en colère lorsqu'on utilise un certain argument, il faut l'utiliser avec d'autant plus de zèle: non seulement parce qu'il est bon de le mettre en colère, mais parce qu'on peut présumer avoir mis le doigt sur le point faible de son argumentation et qu'il est d'autant plus exposé que maintenant qu'il s'est trahi.

Stratagème XXVIII
Convaincre le public et non l'adversaire

Il s'agit du genre de stratégie que l'on peut utiliser lors d'une discussion entre érudits en présence d'un public non instruit. Si vous n'avez pas d'*argumentum ad rem*, ni même d'*ad hominem*, vous pouvez en faire un *ad auditores*, c.-à-d. une objection invalide, mais invalide seulement pour un expert. Votre adversaire aura beau être un expert, ceux qui composent le public n'en sont pas, et à leurs yeux, vous l'aurez battu, surtout si votre objection le place sous un jour ridicule.: les gens sont prêts à rire et vous avez les rires à vos côtés. Montrer que votre objection est invalide nécessitera une explication longue faisant référence à des branches de la science dont vous débattez et le public n'est pas spécialement disposé à l'écouter.

Exemple: l'adversaire dit que lors de la formation des chaînes de montagnes, le granite et les autres éléments qui les composent étaient, en raison de leur très haute température, dans un état fluide ou en fusion et que la température devait atteindre les 250°C et que lorsque la masse s'est formée, elle fut recouverte par la mer. Nous répondons par un *argumentum ad auditores* qu'à cette température-là, et même bien avant, vers 100°C, la mer se serait mise à bouillir et se serait évaporée. L'auditoire éclate de rire. Pour réfuter notre objection, notre adversaire devrait montrer que le point d'ébullition ne dépend pas seulement de la température mais aussi de la pression, et que dès que la moitié de l'eau de mer se serait évaporée, la pression aurait suffisamment augmenté pour que le reste reste à l'état liquide à 250°C. Il ne peut donner cette explication, car pour faire cette démonstration il lui faudrait donner un cours à un auditoire qui n'a pas de connaissances en physique.

Stratagème XXIX
Faire diversion

Lorsque l'on se rend compte que l'on va être battu, on peut faire une *diversion*, c.-à-d. commencer à parler de quelque chose de complètement différent, comme si ça avait un rapport avec le débat et consistait un argument contre votre adversaire. Cela peut être fait innocemment si cette diversion avait un lien avec le *thema quæstionis*, mais dans le cas où il n'y a pas, c'est une stratégie effrontée pour attaquer votre adversaire.

Par exemple, j'ai loué le système chinois où la transmission des charges ne se faisait pas entre nobles par hérédité, mais après un examen. Mon adversaire avait soutenu que le droit de naissance (qu'il tenait en haute opinion) plus que la capacité d'apprentissage rendait les gens capable d'occuper un poste. Nous avons débattu et il s'est trouvé dans une situation difficile. Il a fait diversion et déclaré que les Chinois de tout rang étaient punis par la bastonnade, et a fusionné ce fait avec leur habitude de boire du thé afin de s'en servir comme point de départ pour critiquer les Chinois. Le suivre dans cette voie aurait été se dépouiller d'une victoire déjà acquise.

La diversion est un stratagème particulièrement effronté lorsqu'il consiste à complètement abandonner le *quæstionis* pour soulever une objection du type: « Oui, et comme vous le souteniez jusqu'ici, *etc.* » car le débat devient alors personnel, ce qui sera le dernier stratagème dont nous parlerons. Autrement dit, on se trouve à mi-chemin entre l'*argumentum ad personam* dont nous discutons ici et l'*argumentum ad hominem*.

Ce stratagème est inné et peut souvent se voir lors de disputes entre tout un chacun. Si l'une des parties fait un *reproche* personnel contre l'autre, *cette dernière*, au lieu de la réfuter, l'admet et reproche à son adversaire autre chose. C'est ce genre de stratagème qu'utilisa Scipion lorsqu'il attaqua les Carthaginois, non pas en Italie, mais en Afrique. À la guerre, ce genre de diversion peut être approprié sur le moment. Mais lors des débats, ce sont de pauvres expédients car le reproche demeure et ceux qui ont écouté le débat ne retiennent que le pire des deux camps. Ce stratagème ne devrait être utilisé que *faute de mieux.*

Stratagème XXX
Argument d'autorité

L'*argumentum ad verecundiam*. Celui-ci consiste à faire appel à une autorité plutôt qu'à la raison, et d'utiliser une autorité approprié aux connaissances de l'adversaire.

Unusquisque mavult credere quam judicare dit Sénèque (dans *De vita beata*, I, 4) et il est donc facile de débattre lorsqu'on a une autorité à ses côtés que notre adversaire respecte. Plus ses capacités et connaissances sont limitées et plus le nombre d'autorités qui font impression sur lui est grand. Mais si ses capacités et connaissances sont d'un haut niveau, il y en aura peu, voire pratiquement pas. Peut-être reconnaîtra t-il l'autorité d'un professionnel versé dans une science, un art ou artisanat dont il ne connaît peu ou rien, mais il aura plus tendance à ne pas leur faire confiance. À l'inverse, les personnes ordinaires ont un profond respect pour les professionnels de tout bord. Ils ne se rendent pas compte que quelqu'un fait carrière non pas par amour pour son sujet mais pour l'argent qu'il se fait dessus et qu'il est donc rare que celui qui enseigne un sujet le connaisse sur le bout des doigts, car le temps nécessaire pour l'étudier ne laisserait souvent que peu de place pour l'enseigner. Mais il y a beaucoup d'autorités qui ont le respect du *vulgus* sur tout type de sujet, donc si nous ne trouvons pas d'autorité appropriée, nous pouvons en utiliser une qui le paraît ou reprendre ce qu'à dit quelqu'un hors contexte. Les autorités que l'adversaire ne comprend pas sont généralement celles qui ont le plus d'impact. Les illettrés ont un certain respect pour les phrases grecques ou latines. On peut aussi si nécessaire non seulement déformer les paroles de l'autorité, mais carrément la falsifier ou leur faire dire quelque chose de votre invention: souvent, l'adversaire n'a pas de livre à la main ou ne peut pas en faire usage. Le plus bel exemple réside en ce curé français, qui, pour ne pas avoir à paver la rue devant sa maison comme devaient le faire tous les autres citoyens, cita une phrase qu'il déclara biblique: *paveant illi, ego non pavebo* qui convainquit les conseillers municipaux. En outre, un préjugé universel peut également servir comme autorité. Parce que beaucoup de personnes croient comme le disait Aristote que α μεν πολλοις δοκει ταντα γε ειναι φαμεν, il n'y a pas d'opinion, si absurde soit-elle, que les hommes ne sont pas prêts à embrasser dès qu'ils peuvent pourvu qu'on puisse les convaincre que c'est une vue *généralement admise*. L'exemple affecte leur pensée et leurs actions. Ils sont comme des moutons, suivant celui qui porte le grelot où qu'il les mène: il est pour eux plus facile de mourir que de réfléchir. Il est particulièrement étrange que l'universalité d'une opinion ait autant de poids lorsque par l'expérience on sait que son acceptation n'est guère qu'un processus imitatif sans aucune réflexion. Cependant, ils ne se posent pas cette question parce qu'ils ne possèdent plus de connaissance qui leur soit propre. Seuls les élus disent avec Platon τοις πολλοις πολλα δοκει, c.-à-d. le *vulgus* a beaucoup de bêtises dans le crâne, et cela prendrait trop de temps que d'y remédier.

L'*opinion du public* n'est pas en soi une preuve, ni même une probabilité de la véracité des arguments adverses. Ceux qui le maintiennent doivent prendre en compte:

1. que le *temps* ôte à une opinion universelle sa force démonstrative: autrement, les erreurs du passé que l'on tenait pour vérité devraient être toujours d'actualité. Il faudrait par exemple restaurer le système ptolémaïque ou ramener le catholicisme dans les pays protestants.
2. que l'*espace* a le même effet, autrement, l'universalité respective du bouddhisme, du christianisme et de l'islam poserait une difficulté. (*Cf.* Bentham, *Tactique des assemblées législatives*, II, § 76).

Ce que l'on appelle l'*opinion générale* est, somme toute, l'opinion de deux ou trois personnes et il est aisé de s'en convaincre lorsque l'on comprend comment l'opinion générale se développe. C'est deux ou trois personnes qui formulent la première instance, l'acceptent et la développent ou la maintiennent et qui se sont persuadées de l'avoir suffisamment éprouvée. Puis quelques autres personnes, persuadées que ces premières personnes avaient les capacités nécessaires, ont également accepté ces opinions. Puis, là encore, acceptées par beaucoup d'autres dont la paresse a tôt fait de convaincre qu'il valait mieux y croire plutôt que de fatiguer à éprouver eux-mêmes la théorie. Ainsi, le nombre de ces adhérents paresseux et crédules grossit de jour en jour, car ceux-ci n'allaient guère au-delà du fait que les autres n'ont pu être que convaincus par la pertinence des arguments. Le reste ne pouvait alors que prendre pour acquis ce qui était universellement accepté afin de ne pas passer pour des révoltés résistant aux opinions que tout le monde avait accepté, soit des personnes se croyant plus intelligentes que le reste du monde. Lorsque l'opinion a atteint ce stade, y adhérer devient un devoir, et le peu de personnes capables de former un jugement doivent rester silencieux: ceux qui parlent sont incapables de former leurs propres opinions et ne se font que l'écho des opinions d'autres personnes, et pourtant, sont capables de les défendre avec une ferveur et une intolérance immenses. Ce que l'on déteste dans les personnes qui pensent différemment n'est pas leurs opinions, mais leur présomption de vouloir formuler leur propre jugement, une présomption dont eux-mêmes ne se croient pas coupables, ce dont ils ont secrètement conscience. Pour résumer, peu de personnes savent réfléchir, mais tout le monde veut avoir une opinion et que reste-t-il sinon prendre celle des autres plutôt que de se forger la sienne? Et comme c'est ce qui arrive, quelle valeur peut-on donc donner à cette opinion, quand bien même cent millions de personnes la supportent? C'est comme un fait historique rapporté par des centaines d'historiens qui se seraient plagié les uns les autres: au final, on remonte qu'à un seul individu. (*Cf.* Bayle, *Pensées sur les comètes*, I, § 10).

Dico ego, tu dicis, sed denique dixit et ille:
Dictaque post toties, nil nisi dicta vides.

Et pourtant, on peut utiliser l'opinion générale dans un débat avec des personnes ordinaires.

On peut se rendre compte que lorsque deux personnes débattent, c'est le genre d'arme que tous deux vont utiliser à outrance. Si quelqu'un de plus intelligent doit avoir affaire à eux, il lui est recommandé de condescendre à user de cette arme confortable et d'utiliser des autorités qui feront forte impression sur le point faible de son adversaire. Car contre cette arme, la raison est, *ex hypothesi*, aussi insensible qu'un Siegfried cornu, immergé dans le flot de l'incapacité et de l'incapacité de juger.

Devant un tribunal, on ne débat qu'avec des autorités, celles de la loi, dont le jugement consiste à trouver quelle loi ou quelle autorité s'applique à l'affaire dont il est question. Il y a pourtant tout à fait place à user de la dialectique, car si l'affaire et la loi ne s'ajustent pas complètement, on peut les tordre jusqu'à ce qu'elles le paraissent, et vice versa.

Stratagème XXXI
Je ne comprends rien de ce que vous me dites

Si on se retrouve dans une situation où on ne sait pas quoi rétorquer aux arguments de l'adversaire, on peut par une fine ironie, se déclarer incapable de porter un jugement: « Ce que vous me dites dépasse mes faibles capacités d'entendement: ça peut très bien être correct, mais je ne comprends pas suffisamment et je m'abstiendrai donc de donner un avis. » En procédant ainsi, on insinue auprès de l'auditoire – auprès duquel votre réputation est établie – que votre adversaire dit des bêtises. Ainsi, lorsque la *Critique de la raison pure* de Kant commença à faire du bruit, de nombreux professeurs de l'ancienne école éclectique déclarèrent: « nous n'y comprenons rien. » croyant que cela résoudrait l'affaire. Mais lorsque les adhérents de la nouvelle école leur prouvèrent avoir raison, ceux qui déclarèrent ne rien y avoir compris en furent pour leurs frais.

On aura besoin d'avoir recours à cette tactique uniquement lorsqu'on est certain que l'audience est plus inclinée en notre faveur qu'envers l'adversaire. Un professeur pourrait par exemple s'en servir contre un élève. À proprement parler, ce stratagème appartient au stratagème précédent où l'on fait usage de *sa propre autorité* au lieu de chercher à raisonner, et d'une façon particulièrement malicieuse. La contre-attaque est de dire: « Toutes mes excuses, mais avec votre intelligence pénétrante il doit vous être particulièrement aisé de pouvoir comprendre n'importe quoi, et c'est donc ma pauvre argumentation qui est en défaut. » et de continuer à lui graisser la patte jusqu'à ce qu'il nous comprenne *nolens volens* qu'il nous apparaît clair qu'il n'avait vraiment compris. Ainsi pare-t-on cette attaque: si l'adversaire insinue que nous disons des bêtises, nous insinuons qu'il est un imbécile, le tout dans la politesse la plus exquise.

Stratagème XXXII
Principe de l'association dégradante

Lorsque l'on est confronté à une assertion de l'adversaire, il y a une façon de l'écarter rapidement, ou du moins de jeter l'opprobre dessus en la plaçant dans une catégorie péjorative, même si l'association n'est qu'apparente ou très ténue. Par exemple que c'est du manichéisme, ou de l'arianisme, du pélagianisme, de l'idéalisme, du spinosisme, du panthéisme, du brownianisme, du naturalisme, de l'athéisme, du rationalisme, du spiritualisme, du mysticisme, *etc.* Nous acceptons du coup deux choses:

1. que l'assertion en question est apparentée ou contenue dans la catégorie citée: « Oh, j'ai déjà entendu ça! »;
2. que le système auquel on se réfère a déjà été complètement réfuté et ne contient pas un seul mot de vrai.

Stratagème XXXIII
En théorie oui, en pratique non

« C'est peut-être vrai en théorie, mais en pratique ça ne marche pas. » Par ce sophisme, on admet les prémisses mais on nie les conséquences, et ce en contradiction avec la règle de logique *a ratione ad rationatum valet consequentia*. L'assertion est basée sur une impossibilité: ce qui est correct en théorie doit marcher en pratique, et si ça ne marche pas c'est qu'il a une erreur dans la théorie, quelque chose qui a été oublié, et que c'est donc la théorie qui est fausse.

Stratagème XXXIV
Accentuer la pression

Lorsque vous soulevez un point ou posez une question à laquelle l'adversaire ne donne pas de réponse directe, mais l'évite par une autre question, une réponse indirecte ou quelque chose qui n'a rien à voir, et de façon générale cherche à détourner le sujet, c'est un signe certain que vous avez touché un point faible, parfois sans même le savoir, et que vous l'avez *en somme* réduit au silence. Vous devez donc appuyer davantage sur ce point et ne pas laisser votre adversaire l'éviter, même si vous ne savez pas où réside exactement la faille.

Stratagème XXXV
Les intérêts sont plus forts que la raison

Dès que ce stratagème peut être utilisé, tous les autres perdent leur utilité: au lieu de tenter d'argumenter avec l'intellect de l'adversaire, nous pouvons appeler à ses intentions et ses motifs, et si lui et l'auditoire ont les mêmes intérêts, ils se rallieront à notre opinion, quand bien même elle fut empruntée à un asile d'aliénés, car de manière générale, un poids d'intention pèse plus que cent de raison et d'intelligence. Ceci n'est bien entendu vrai que dans certaines circonstances. Si on arrive à faire sentir à l'adversaire que son opinion si elle s'avérait vraie porterait un préjudice notable à ses intérêts, il la laisserait tomber comme une barre de fer chauffée prise par inadvertance. Par exemple, un prêtre défend un certain dogme philosophique. Si on lui signifie que celui-ci est en contradiction avec une des doctrines fondamentales de son église, il l'abandonnera.

Un propriétaire terrien soutient l'utilisation de machinerie agricole telle qu'elle est pratiquée en Angleterre, car une seule machine à vapeur accomplit le travail de nombreux hommes. Si quelqu'un lui fait remarquer que bientôt les transports seront également assurés par des machines à vapeur et qu'en conséquence le prix de ses étalons chutera de manière dramatique, voyons voir ce qu'il va dire. Dans de telles situations, généralement le sentiment de tout le monde se retrouve dans la citation: *quam temere in nosmet legem sancimus iniquam.*

Et de même si l'auditoire appartient à la même secte, guilde, industrie, club, *etc.* que nous, et pas notre adversaire: sa thèse ne devient plus correcte dès lors qu'elle porte atteinte aux intérêts communs de ladite guilde, *etc.* et les auditeurs trouveront les arguments de notre adversaire faibles et abominables, peu importe leur qualité, tandis que les nôtres seront jugés corrects et appropriés même s'il ne s'agissait que de vagues conjectures.

Nous nous ferons applaudir par la foule tandis que l'adversaire devra honteusement quitter les lieux. Oui, l'auditoire, de façon générale, sera d'accord avec nous uniquement par pure conviction, car ce qui apparaîtra comme étant désavantageux pour nous leur paraîtra intellectuellement absurde. *Intellectus luminis sicci non est recipit infusionem a voluntate et affectibus.* Ce stratagème pourrait s'appeler « toucher l'arbre par la racine » et porte le nom plus courant d'*argumentum ab utili*.

Stratagème XXXVI
Déconcerter l'adversaire par des paroles insensées

Nous pouvons stupéfier l'adversaire en utilisant des paroles insensées. Ce stratagème est basé sur le fait que:

> *Gewohnlich glaubt der Mensch, wenn er nur Worte hort,*
> *Es musse sich dabei doch auch was denken lassen.*

S'il est secrètement conscient de sa propre faiblesse et est habitué à entendre de nombreuses choses qu'il ne comprend pas mais fait semblant de les avoir comprises, on peut aisément l'impressionner en sortant des tirades à la formulation érudites, mais ne voulant rien dire du tout, ce qui le prive de l'ouïe, de la vue et de la pensée, ce sous-entend qu'il s'agit d'une preuve indiscutable de la véracité de notre thèse. Il est bien connu que dans les temps modernes, certains philosophes ont utilisé ce stratagème contre tout le peuple allemand avec un brillant succès. Mais comme il s'agit d'*exempla odiosa*, nous pouvons préférer nous référer au *Vicar of Wakefield* de Goldsmith, chap. 7.

Stratagème XXXVII
Une fausse démonstration signe la défaite

(devrait être le premier). Lorsque l'adversaire a raison, mais a, par bonheur, utilisé une fausse démonstration, nous pouvons facilement la réfuter et déclamer ensuite avoir réfuté en même temps toute la théorie. Ce stratagème devrait être l'un des premiers à être exposés car il est, somme toute, un *argumentum ad hominem* présenté comme un *argumentum ad rem*. Si lui ou l'auditoire n'a plus aucune démonstration valable à soumettre, nous avons alors triomphé. Par exemple, lorsque quelqu'un avance l'argument ontologique pour prouver l'existence de Dieu alors que cet argument est facilement réfutable. C'est ainsi que les mauvais arguments perdent des bonnes affaires, en tentant de les soutenir par des autorités qui ne sont pas appropriées ou lorsqu'aucune ne leur vient à l'esprit.

Ultime stratagème
Soyez personnel, insultant, malpoli

Lorsque l'on se rend compte que l'adversaire nous est supérieur et nous ôte toute raison, il faut alors devenir personnel, insultant, malpoli. Cela consiste à passer du sujet de la dispute (que l'on a perdue), au débateur lui-même en attaquant sa personne: on pourrait appeler ça un *argumentum ad personam* pour le distinguer de l'*argumentum ad hominem*, ce dernier passant de la discussion objective du sujet à l'attaque de l'adversaire en le confrontant à ses admissions ou à ses paroles par rapport à ce sujet. En devenant personnel, on abandonne le sujet lui-même pour attaquer la personne elle-même: on devient insultant, malveillant, injurieux, vulgaire. C'est un appel des forces de l'intelligence dirigée à celles du corps, ou à l'animalisme. C'est une stratégie très appréciée car tout le monde peut l'appliquer, et elle est donc particulièrement utilisée. On peut maintenant se demander quelle est la contre-attaque, car si on a recours à la même stratégie, on risque une bataille, un duel, voire un procès pour diffamation.

Ce serait une erreur que de croire qu'il suffit de ne pas devenir personnel soi-même. Car montrer calmement à quelqu'un qu'il a tort et que ce qu'il dit et pense est incorrect, processus qui se retrouve dans chaque victoire dialectique, nous l'aigrissons encore plus que si nous avions utilisé une expression malpolie ou insultante. Pourquoi donc? Parce que comme le dit Hobbes dans son *de Clive*, chap. 1: *Omnis animi voluptas, omnisque alacritas in eo sita est, quod quis habeat, quibuscum conferens se, possit magnifice sentire de seipso.* Pour l'homme, rien n'est plus grand que de satisfaire sa vanité, et aucune blessure n'est plus douloureuse que celle qui y est infligée. (De là viennent des expressions comme « l'honneur est plus cher que la vie », etc.) La satisfaction de cette vanité se développe principalement en se comparant aux autres sous tous aspects, mais essentiellement en comparant la puissance des intellects. La manière la plus *effective* et la plus puissante de se satisfaire se trouve dans les débats. D'où l'aigreur de celui qui est battu et son recours à l'arme ultime, ce dernier stratagème: on ne peut y échapper par la simple courtoisie. Garder son sang-froid peut cependant être salutaire: dès que l'adversaire passe aux attaques personnelles, on répond calmement qu'elles n'ont rien à voir avec l'objet du débat, on y ramène immédiatement la conversation, et on continue de lui montrer à quel point il a tort, sans tenir compte de ses insultes, comme le dit Thémistocle à Eurybiade: παταξον μεν, ακουσον δε. Mais ce genre de comportement n'est pas donné à tout le monde.

Le seul comportement sûr est donc celui que mentionne Aristote dans le dernier chapitre de son *Topica*: de ne pas débattre avec la première personne que l'on rencontre, mais seulement avec des connaissances que vous savez posséder suffisamment d'intelligence pour ne pas se déshonorer en disant des absurdités, qui appellent à la raison et pas à une autorité, qui écoutent la raison et s'y plient, et enfin qui écoutent la vérité, reconnaissent avoir tort, même de la bouche d'un adversaire, et suffisamment justes pour supporter avoir eu tort si la vérité était dans l'autre camp. De là, sur cent personnes, à peine une mérite que l'on débatte avec elle. On peut laisser le reste parler autant qu'ils veulent car *desipere est juris gentium*, et il faut se souvenir de ce que disait Voltaire: « la paix vaut encore mieux que la vérité », et de ce proverbe arabe: « Sur l'arbre du silence pendent les fruits de la paix. »

Le débat peut cependant souvent être mutuellement avantageux lorsqu'il est utilisé pour s'aiguiser l'esprit et corriger ses propres pensées pour éveiller de nouveaux points de vue. Mais les adversaires doivent alors être de force égales que ce soit en niveau d'éducation ou de force mentale: si l'un manque d'éducation, il ne comprendra pas ce que lui dit l'autre et ne sera pas au même niveau. S'il manque de force mentale, il s'aigrira et aura recours à des stratagèmes malhonnêtes, ou se montrera malpoli.

Entre le débat *in colloquio privato sive familiari* et le

disputatio sollemnis publica, pro gradu, etc. il n'y a pas de différence significative sinon que le second requiert que le *respondens* ait toujours raison par rapport à l'*opponens* et qu'il est donc nécessaire qu'il saute les *præses,* ou qu'on argumente avec ce dernier de manière plus formelle et ses arguments seront plus volontiers parées de strictes conclusions.

FIN